MONEY BOX

돈은 어떻게 저축할까요?

벤 허버드 글
베아트리스 카스트로 그림
이승숙 옮김

돈은 어떻게 저축할까요?

초판 1쇄 2021년 11월 29일
글쓴이 벤 허버드
그린이 베아트리스 카스트로
옮긴이 이승숙

펴낸이 조영진
펴낸곳 고래가숨쉬는도서관
출판등록 제406-2012-000082호
주소 경기도 파주시 회동길 329(서패동) 2층
전화 031-955-9680~1
팩스 031-955-9682
홈페이지 www.goraebook.com
이메일 goraebook@naver.com

글 ⓒ 벤 허버드 2019 | 그림 ⓒ 베아트리스 카스트로 2019

* 값은 뒤표지에 적혀 있습니다.
* 잘못 만든 책은 구입하신 서점에서 바꾸어 드립니다.
* 책의 내용과 그림은 저자나 출판사의 서면 동의 없이 마음대로 쓸 수 없습니다.

ISBN 979-11-89239-70-1 74320
       979-11-87427-53-4 74320(세트)

MONEY BOX: SAVING MONEY
Text by Ben Hubbard
Illustrations by Beatriz Castro
First published in Great Britain in 2019 by The Watts Publishing Group
Copyright ⓒ The Watts Publishing Group 2019
Korean edition copyright ⓒ Goraebook Library 2021.
All rights reserved.
This Korean edition published by arrangement with The Watts Publishing Group Limited, on behalf of its publishing imprint Franklin Watts, a division of Hachette Children's Group, through Shinwon Agency Co., Seoul.

글쓴이 벤 허버드
뉴질랜드 웰링턴에서 밴드, 배우, 예술가들과 인터뷰를 하고, 신문 기사를 썼어요. 그 후 영국에서 작가가 되어 우주, 팝 뮤직, 반려동물, 토네이도와 럭비 기술에 이르기까지 다양한 주제의 글을 쓰고 있어요. 『디지털 시민 학교』 시리즈 등을 썼어요.

그린이 베아트리스 카스트로
스페인 라리오하에서 태어나 어렸을 때부터 늘 그림을 그리고 글을 써 왔어요. 예술 대학을 졸업한 후에, 전문 일러스트레이터로 일을 시작했어요. 그림을 그린 책으로는 『세계 시장, 어디까지 가 봤니?』 등이 있어요.

옮긴이 이승숙
오랫동안 외국의 좋은 어린이 책을 찾아 우리말로 옮기고 소개하는 일을 하고 있어요. 또한 어린이들이 재미있게 읽을 수 있는 책을 쓰기도 합니다. 옮긴 책으로 『어둠 속 어딘가』, 『아기가 어떻게 만들어지는지에 대한 놀랍고도 진실한 이야기』 등이 있어요.

품명: 도서 | 전화번호: 031-955-9680 | 제조년월: 2021년 11월
제조국명: 대한민국 | 제조자명: 고래가숨쉬는도서관
주소: 경기도 파주시 회동길 329 2층 | 사용 연령: 8세 이상
* KC마크는 이 제품이 공통안전기준에 적합하였음을 의미합니다.

MONEY BOX

돈은 어떻게 저축할까요?

이 책에서는 돈에 관한 많은 사실을 알려 주고 있어요. 돈이 왜 중요할까요? 돈은 먹을 수도 마실 수도 없는데 말이죠. 우리들 대부분은 살기 위해 돈이 필요해요. 옷, 전기, 음식과 물 같은 거의 모든 것들을 돈으로 사야 하거든요. 돈이 없는 세상은 상상할 수가 없어요.

어떤 사람들은 돈이 세상을 돌아가게 만든다고 해요.

돈이 있을 때, 우리는 선택을 해야 해요.
우리는 돈으로 무엇을 할 수 있을까요? 다음과 같은 것들을 할 수 있어요.

저축을 할 수 있어요.

물건을 살 수 있어요.

기부를 할 수 있어요.

또는 더 많은 돈을 벌 수 있어요!

마레크는 돈을 저축하려고 해요.
마레크가 저축을 잘 할 수 있는지 계속 책을 읽어 보아요!

마레크의 부모님은 매주 마레크에게 용돈을 줘요. 마레크는 용돈을 많이 쓰지 않아요. 대신에 용돈은 대부분 돼지 저금통에 넣어요.

어맨다는 마레크에게 저금통을 뜯어 보자고 해요. 마레크는 그렇게 하고 싶지 않지만 결국 저금통을 뜯기로 해요.

마레크과 어맨다는 사탕과 도넛을 한 무더기 사서 배불리 먹어요. 어쩐지 속이 울렁거리는 것 같아요.

우리가 돈을 얼마나 썼지?

네 한 달 용돈 전부.

어맨다가 집에 간 뒤에 마레크는 소파에 누워서 텔레비전을 보았어요. 단것을 많이 먹는 바람에 마레크는 여전히 배가 아프고 돈을 거의 다 써 버려서 기분도 안 좋아요.

다음 날에도, 마레크는 여전히 기분이 안 좋아요. 단 군것질거리를 사는 데 많은 돈을 썼다는 게 믿어지지 않아요. 아빠가 마레크의 기분이 좋아지도록 달래 주어요.

그 돈을 새 킥보드를 사는 데 보탤 수 있었어요.

걱정하지 마. 아직 돈이 좀 남아 있잖아. 또다시 저축하면 돼.

마레크가 저축하는 걸 도와주겠다며, 아빠가 빈 병을 두 개 주어요.
병에는 각각 '저축'과 '지출'이라고 적혀 있어요.

몇 주가 지나면서, 마레크는 용돈을 모으고 그 돈이 불어나는 걸 지켜보는 게 즐겁다는 걸 깨달아요. 엄마는 마레크가 벽에 저축 그래프를 그리는 걸 도와주어요. 마레크는 돈을 저축하면서, 새 킥보드를 살 때까지 그래프를 하나하나 채워 나가기로 해요.

네가 용돈을 저축하고 지출하는 계획을 예산이라고 해.

마레크는 용돈의 대부분을 저축하고 있어요. 그런데도 그래프는 아주 느릿느릿 올라가요. 다행히 식구들이 돈을 벌 수 있는 일을 마레크에게 맡겨요.

일을 다 끝내자 마레크는 몹시 피곤해요. 그래도 돈이 아주 많이 늘어났어요. 저축 병이 빠르게 채워지고 있어요. 저축 그래프도 빨리 올라가고 있고요.

은행원이 마레크에게 예금 계좌의 이자율이 얼마인지 보여 줘요. 이자는 마레크가 저축한 돈에 붙는 특별한 돈이에요. 마레크가 저축을 많이 하면 할수록, 이자도 더 많이 받을 수 있어요.

이자는 돈을 저축해 준 고객에게 은행이 감사하는 방법입니다.

맞아. 네가 만 열두 살이 되면 넌 예금 계좌와 체크 카드를 가질 수 있어.*

그럼 돈을 안 갖고 다녀도 되겠네요.

* 우리나라의 경우 만 열두 살 이상이 되면 부모님과 함께 은행에 가서 체크 카드를 발급받을 수 있어요. 하지만 사용할 수 있는 돈은 제한돼요.

마레크는 새 티셔츠가 좋지만 왜인지 계속 즐겁지가 않아요. 어느새 인터넷에서 더 많은 옷을 찾아보기까지 해요.

난 티셔츠 하나도 충분하다고 생각했는데, 지금은 더 많이 갖고 싶어. 왜 그럴까?

물건을 사면 기분이 좋지만, 그 기쁨은 금방 사라져 버려. 그럼 다시 기분이 좋아지기 위해 더 많은 걸 사고 싶어지거든. 자, 스마트폰 그만 보고 공원에 가서 놀자.

누나와 이야기를 나눈 뒤에, 마레크는 옷을 사는 데 돈을 쓰지 않기로 결심해요. 대신에 킥보드를 살 수 있을 때까지 용돈을 모두 저축하기로 해요.

마레크는 돈에 관해 큰 교훈을 얻었어요. 돈으로 행복을 살 수는 없어요. 마레크는 누나와 공원에서 노는 게 무엇보다도 가장 재미있었어요. 마레크와 누나는 돈이 들지 않는 좋아하는 일들을 적어 보아요.

오늘은 신나는 날이에요! 마레크가 킥보드를 살 수 있을 만큼 돈을 모았거든요. 마레크는 아빠와 함께 킥보드를 주문해요.

온라인에서 킥보드를 어떻게 사는지 알려 줄게.

내일 배달해 준대요!

다음 날 마레크는 문 앞에서 킥보드가 오기를 참을성 있게 기다려요. 그리고 그때……

마레크는 새로 산 킥보드가 정말 좋아요. 스케이트장에서 친구들과 어울려 놀면서 신기술을 배우니까 재미있어요. 하지만 새 킥보드를 샀기 때문에 그런 것만은 아니에요. 그것을 사기 위해 돈을 모아 저축했던 게 가장 좋았어요. 마레크는 스스로 목표를 정하고 그 목표를 이루어서 정말 만족했어요.

퀴즈

마지막으로 책에서 배운 내용을 정리해 보아요. 돈을 저축하는 것에 대해 얼마나 많이 배웠는지 생각해 볼까요? 다음 문제를 풀면서 알아보아요.

1
사람들은 어디에 돈을 보관할까요?
- a. 옷장 속
- b. 저금통
- c. 저수지

2
이 책에서 말하는 용돈은 무엇일까요?
- a. 심부름 하고 남은 돈
- b. 종종 집안일을 하고 부모님께 받는 돈
- c. 용이 그려진 돈

3
어떤 것이 은행에서 사용할 수 있는 카드일까요?
- a. 체육 카드
- b. 직장 카드
- c. 체크 카드

4
이자란 무엇일까요?
- a. 은행에서 저축한 돈에 대해 주는 특별한 돈
- b. 모양이 재미있는 특별한 돈
- c. 사람들이 정부에 내는 특별한 돈

5
사람들이 가끔 은행 업무를 보는 곳은 어디일까요?
- a. 인터넷
- b. 마그넷
- c. 클라리넷

정답
b, b, c, a, a

용어 설명

구매자 후회
물건을 산 뒤에 기분이 안 좋고 물건 산 걸 후회하는 일.

예산
돈을 저축하고 지출하는 계획.

유로
유럽 연합 회원국에서 사용하는 법정 화폐의 이름. 유로화를 쓰는 여러 나라 안에서는 환전할 필요가 없어요.

자동 이체
은행이 누군가의 계좌에서 회사나 단체 등에 정기적으로 돈을 보낼 수 있게 한 지시 사항.

지출
어떤 목적을 위해 돈을 쓰는 일.

체크 카드
계좌에서 돈을 꺼내거나 가게나 인터넷에서 물건을 사고 돈을 낼 수 있도록 은행이 주는 플라스틱 카드.

현금
정부나 중앙은행에서 발행하는 지폐나 동전을 어음, 수표, 채권과 구분하여 이르는 말.

돈에 대한 사실들

돈에 대해서는 알아야 할 것들이 많아요.
아래 사실들을 살펴보아요!

- 종이돈은 사람들 사이에서 돌아다니기 때문에, 종종 세균이 묻기도 해요. 돈을 만진 뒤에 손을 닦는 걸 꼭 기억해요.

- 최초의 신용 카드는 다이너스 클럽 카드라고 불렀어요. 프랭크 맥너마라라는 사람이 1949년에 식당에 지갑을 가져가는 걸 잊은 뒤에 발명되었어요.

- 중세 시대(500~1500년) 유럽에서는 후추, 정향(육두구와 같이 금보다 더 가치가 있었음), 시나몬 같은 향신료(음식에 맵거나 향기로운 맛을 더해 주는 조미료)가 인기가 있었어요.

- 1999년에, 유럽의 11개 국가들은 유로를 그들의 공통 화폐로 만들었어요.

- 정부는 세 가지 방법으로 돈을 얻어요. 돈을 만들고, 다른 나라에서 돈을 빌리고, 세금을 통해 국민에게 돈을 모으지요.